ប៊ុនទី និងបុប្ផី

ដោយ Sorit Gupto

គូរូបដោយ Michael Magpantay

Library For All Ltd.

LIBRARY FOR ALL

ប៉ុននឹ និងបុប្ផី

ប៉ុនទីចូលចិត្តលេងជាមួយមេអំបៅ...

3

...និងបក្សាបក្សី។

នាងចូលចិត្តលេងទឹកក្រដាស។

នាងក៏ចូលចិត្តធ្វើប្រាសាទពីខ្សាច់ដែរ។

នៅពេល ប៊ុនទីក្រលប់ទៅផ្ទះវិញ
ម្ដាយនាងឮៀនាងសម្អាកខ្លួនចេញ
ប៉ុន្តែនាងមិនព្រម។

10

នាងក៏ស្រែកថា "ខ្ញុំស្ងប់សាប៊ីណាស់"។

យប់មួយ នាងគេងយល់សប្តិ។ នាងឃើញមានមេរោគជាច្រើននៅជុំវិញប្រាសាទរបស់នាង ហើយព្ងកវាដេញចាប់នាង។

ប៉ុនទីរត់គេចពីមេរោគដោយស្រែកយំថា

"ជួយផង! ជួយផង!"

វំពេចនោះ ស្ដេចពពុះសាប៊ីក៏បង្ហាញខ្លួន។ គាត់បាននិយាយថា "ប៉ុនទីកុំខ្លាចអ្វី" ហើយ បានបញ្ជាឱ្យទាហានពពុះសាប៊ីរបស់គាត់ថា "គោះពួកយើង ទៅកម្ទាត់ពពុកមេរោគ"។

ទ័ពពពុះសាប៊ូក៏កម្ចាត់មេរោគទាំងនោះ។

កន្ទ្យរនេះ ប៉ុនទីចូលចិត្តប្រើសាប៊ូ
ដុសសម្អាតខ្លួនជានិច្ច។

អ្នកអាចប្រើសំណួរទាំងនេះដើម្បីនិយាយ អំពីសៀវភៅនេះជាមួយគ្រួសារ មិត្តភ័ក្តិ និងគ្រូរបស់អ្នក។

តើអ្នកបានរៀនអ្វីខ្លះពីសៀវភៅនេះ?

ពិពណ៌នាសៀវភៅនេះក្នុងមួយពាក្យ។ កំប្លែង? គួរឱ្យខ្លាច? ចម្រុះពណ៌? គួរឱ្យចាប់អារម្មណ៍?

តើសៀវភៅនេះធ្វើឱ្យអ្នកមាន អារម្មណ៍យ៉ាងណាពេលអានចប់?

តើមួយណាជាផ្នែកដែលអ្នកចូលចិត្ត ជាងគេនៃសៀវភៅនេះ?

ទាញយកកម្មវិធីអ្នកអានរបស់យើង។
getlibraryforall.org

អំពីអ្នករួមចំណែក

បណ្ណាល័យសម្រាប់ទាំងអស់គ្នា ធ្វើការជាមួយអ្នកនិពន្ធ និងអ្នកគំនូរមកពីជុំវិញពិភពលោក ដើម្បីបង្កើតរឿងប្លែកៗ ពាក់ព័ន្ធ និងគុណភាពខ្ពស់សម្រាប់អ្នកអានវ័យក្មេងៗ។

សូមចូលមើលគេហទំព័រ libraryforall.org សម្រាប់ព័ត៌មាន ចុងក្រោយបំផុតអំពីព្រឹត្តិការណ៍សិក្ខាសាលារបស់អ្នកនិពន្ធ គោលការណ៍ណែនាំការដាក់ស្នើ និងឱកាសថ្មីប្រឌិតផ្សេងទៀត។

តើអ្នកចូលចិត្តសៀវភៅនេះទេ?

យើងមានរឿងដើមដែលរៀបចំដោយអ្នកជំនាញរាប់រយ
រឿងទៀតដើម្បីជ្រើសរើស។

យើងធ្វើការក្នុងភាពជាដៃគូជាមួយអ្នកនិពន្ធ អ្នកអប់រំ
ទីប្រឹក្សារប្បធម៌ រដ្ឋាភិបាល និង NGOs ដើម្បីនាំមកនូវ
សេចក្តីរីករាយនៃការអានដល់កុមារគ្រប់ទីកន្លែង។

តើអ្នកដឹងទេ?

យើងបង្កើតផលប៉ះពាល់ជាសាកលក្នុងវិស័យទាំងនេះ
ដោយប្រកាន់យកគោលដៅអភិវឌ្ឍន៍ប្រកបដោយចីរភាព
របស់អង្គការសហប្រជាជាតិ។

library for all.org